中国田野考古报告集

考 古 学 专 刊

丁种第九十三号

枝 江 关 庙 山

四

中国社会科学院考古研究所　编著

文物出版社

北京·2017

ARCHAEOLOGICAL MONOGRAPH SERIES

TYPE D NO. 93

Guanmiaoshan in Zhijiang

IV

(With an English Abstract)

By

The Institute of Archaeology, Chinese Academy of Social Sciences

Cultural Relics Press

Beijing · 2017

第四册目录

彩版目录

图版目录

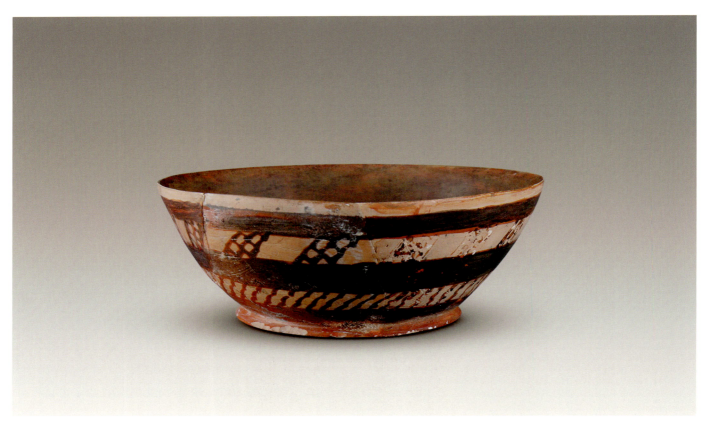

1. 6型Ⅱ式（T70⑤H111：3）

2. 6型Ⅱ式（T77⑥：77）

彩版二　大溪文化陶圈足碗（之二）

1. 6型Ⅲ式（T52⑤AH43：5）

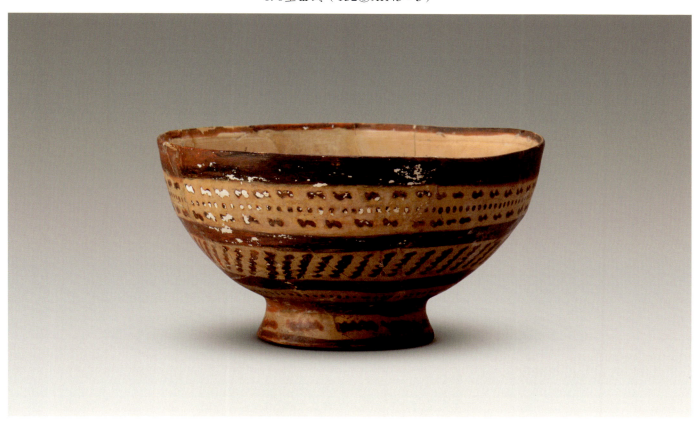

2. 6型Ⅲ式（T64⑤AH102：54）

彩版三　大溪文化陶圈足碗（之三）

1. 7型Ⅲ式（T56⑤：55）

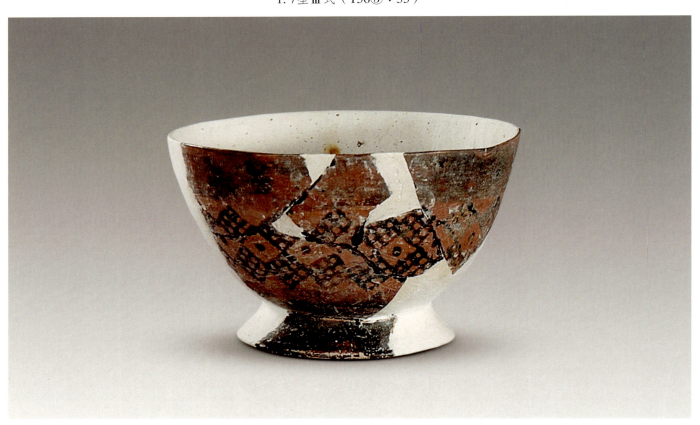

2. 7型Ⅲ式（T52④BF22：38）

彩版四　大溪文化陶圈足碗（之四）

11型Ⅲ式（T64⑤AH102：46）

彩版五　大溪文化陶圈足碗（之五）

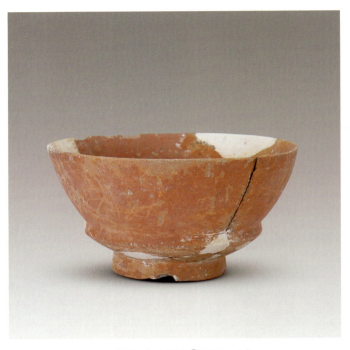

1. 4型Ⅱ式（T23④H20：2）

2. 6型Ⅵ式（T68⑥H164：2）

3. 8型Ⅳ式（T69⑦：164）

4. 11型Ⅰ式（T61⑦H144：1）

彩版六　大溪文化陶圈足碗（之六）

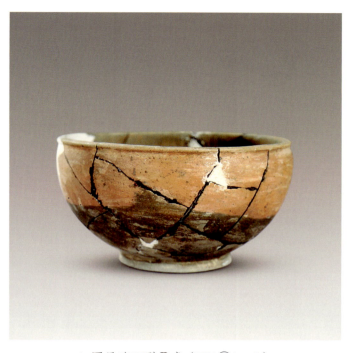

1. 圈足碗17型Ⅱ式（T71③A：2）

2. 圈足碗17型Ⅱ式（T74③：20）

3. 圈足盘4型Ⅲ式（T59⑥BH142：87）

4. 圈足盘4型Ⅲ式（T72⑤AH153：5）

5. 圈足盘9型Ⅰ式（T59④AH101：3）

彩版七　　大溪文化陶圈足碗、圈足盘

1. 白陶圈足盘片（T31④：41）

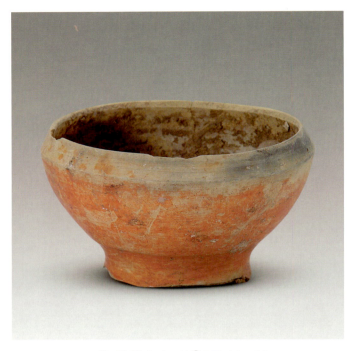

3. 簋2型Ⅳ式（T60④BH104：2）

2. 簋2型Ⅳ式（T57④A：62）

4. 簋2型Ⅳ式（T60④BH104：2）刻划

彩版八　大溪文化白陶圈足盘片和陶簋

1. 1型 I 式（T72⑤A：54）

2. 1型 I 式（T72⑤AH153：4）

3. 2型 Ⅲ 式（T65⑤AS35：57）

4. 3型 Ⅱ 式（T60⑤A：65）

彩版九　大溪文化陶豆（之一）

1. 5型Ⅰ式（T65⑤AS35∶83）

2. 7型Ⅰ式（T71③BH93∶3）

3. 8型Ⅰ式（T51⑤A∶192）

4. 8型Ⅲ式（T52扩③G3∶27）

彩版一〇　大溪文化陶豆（之二）

1. 平底盆1型Ⅱ式（T60④A：32）

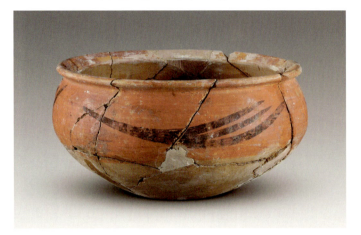

2. 平底盆1型Ⅲ式（T52④A：107）

3. 平底盆2型Ⅰ式（T56④BH94：1）

4. 圜底大盆1型（T64⑤AH102：119）

彩版一一　大溪文化陶平底盆、圜底大盆

1. 杯2型（T57⑤：152）

2. 筒形瓶1型Ⅰ式（T60④AF26：21）

3. 筒形瓶1型Ⅱ式（T34④A：6）

4. 筒形瓶1型Ⅱ式（T34④A：37）

彩版一四　大溪文化陶杯、筒形瓶

1. 筒形瓶1型Ⅳ式（T34④A：51）

2. 筒形瓶1型Ⅴ式（T34④A：50）

3. 细颈壶2型（T53③F10：2）

4. 圈足罐1型Ⅱ式（T23④H20：1）

彩版一五　大溪文化陶筒形瓶、细颈壶、圈足罐

1. 2型Ⅲ式（T75③BH70：4）　　　　2. 2型Ⅲ式（T75③BH70：5）

3. 2型Ⅳ式（T59③：9）　　　　4. 2型Ⅴ式（T75③BH70：7）

4型Ⅰ式（T51⑤A：171）

彩版一七　大溪文化陶圈足罐（之二）

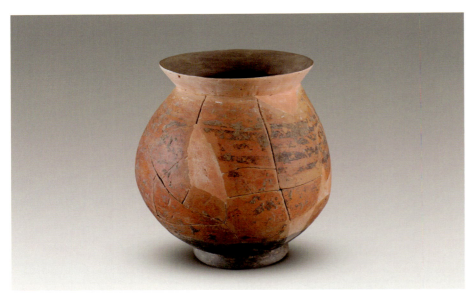

1. 2型Ⅵ式（T59③：27）

2. 5型Ⅱ式（T63④B：19）

3. 4型（T60③A：22）

彩版一八　大溪文化陶圈足罐（之三）

1. 1型Ⅲ式（T6③：27）

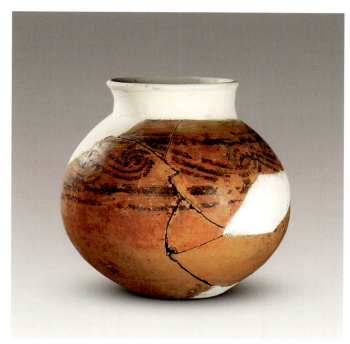

2. 1型Ⅶ式（T73③B：87）

3. 4型（T76④BF30：22）

4. 6型（T52④BF22：39）

彩版一九　大溪文化陶平底罐

1. 彩陶碗圈足（T64⑤AH102：169）

2. 彩陶杯圈足（T64⑤B：160）

3. 彩陶平底罐片（T52④A：120）

4. 彩陶瓮片1型Ⅱ式（T61⑤AH115：75）

5. 小口尖底瓶片（T63⑤A：27）

6. 涂朱盖纽9型Ⅰ式（T70④A：45）

彩版二〇　大溪文化陶器残片

1.1型Ⅰ式（T65⑥H149：1）

2.4型Ⅳ式（T36⑦BH13：5）

3.7型Ⅱ式（T34④A：4）

4.8型Ⅱ式（T75④C：62）

5.8型Ⅱ式（T60③A：29）

1. 1型Ⅲ式（T61⑦H144：4）

2. 6型Ⅲ式（T65④AH87：1）

3. 13型（T64④C：51）

彩版二二　大溪文化陶器盖

1. 第二种（T70⑤：44）　　　2. 第四种（T58⑤：42）　　　3. 第四种（T59⑤AG6：1）

4. 第八种（T51④A：214）　　5. 第九种（T65④B：39）　　6. 第九种（T60③A：21）

7. 第九种（T75③B：36）　　　8. 第十一种（T57④：67）　　9. 第十一种（T59④B：45）

彩版二三　大溪文化空心陶球

1. 空心第十三种（T57⑤：91）

2. 空心第十三种（T53④：212）

3. 空心第十三种（T76③：29）

4. 空心第十三种（T75④BH73：8）

5. 空心第十三种（T70④B：29）

6. 空心第十四种（T74④B：61）

7. 空心第十四种（T56③：77）

8. 实心第十一种（T53④：147）

9. 实心第十一种（T73③B：29）

彩版二四　大溪文化空心陶球、实心陶球

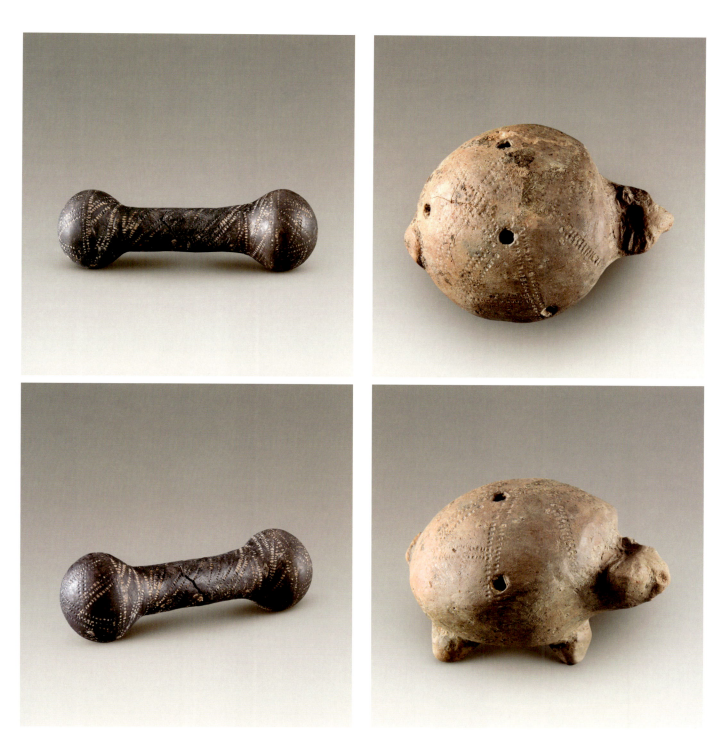

1. 单把双圆响球（T53④：108）　　　　　　2. 龟（T53③：65）

彩版二五　　大溪文化陶单把双圆响球、龟

1. 石铲Ⅲ式（T74⑤B：94）

2. 石钺Ⅰ式（T36④C：24）

3. 石钺Ⅱ式（T53⑥：179）

4. 石钺Ⅱ式（T53⑤B：169）

彩版二六　大溪文化石铲、钺

1. AⅠ式（T71⑤：84）　　2. BⅠ式（T64④B：40）　　3. BⅠ式（T70④B：19）

4. BⅠ式（T74④A：33）　　5. BⅠ式（T51扩③：21）　　6. BⅠ式（T70③：7）

7. BⅡ式（T53④：93）　　8. BⅡ式（T64④AH110：5）　　9. BⅣ式（T51⑤B：267）

10. BⅤ式（T70④A：21）　　11. CⅠ式（T24③：10）　　12. CⅠ式（T51③：82）

彩版二七　　大溪文化小型石锛

1. 大、中型石凿Ⅲ式
（T211北采：03）

3. 小型石凿Ⅰ式
（T52④AH41：87）

6. 圭形石凿Ⅱ式
（T38④BF1：6）

9. 圭形石凿Ⅳ式
（T67④C：35）

4. 圭形石凿Ⅰ式
（T71④E：35）

7. 圭形石凿Ⅲ式
（T52④A：79）

10. 圭形石凿Ⅴ式
（T58④A：20）

2. 大、中型石凿Ⅳ式
（T74③：110）

5. 圭形石凿Ⅱ式
（T34④BF1：1）

8. 圭形石凿Ⅲ式
（T76③：19）

11. 圭形石凿Ⅴ式
（T74④A：115）

彩版二八　大溪文化石凿

1. 深腹圈足杯Ⅱ式（T23②B：3）

2. 大口杯Ⅲ式（T66②：15）

3. 大口杯Ⅲ式（T23②B：32）

4. 实心圆头形纽器盖Ⅲ式（T64②：84）

彩版二九　屈家岭文化晚期陶圈足杯、大口杯、器盖

1. Ⅰ式（T68②AH71：1）

2. Ⅰ式（T70②：12）

3. Ⅱ式（T53②：15）

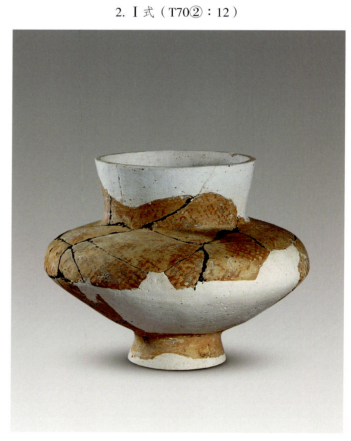

4. Ⅱ式（T53②：49）

彩版三〇　屈家岭文化晚期陶壶形器

1. 彩陶纺轮1型Ⅳ式（T35③A：38）   2. 刻纹陶纺轮2型Ⅳ式（T34③A：20）   3. 彩陶纺轮2型Ⅵ式（T31③：10）

4. 陶祖（T24②B：4）   5. 小型单刃石斧AⅠ式（T51②：27）   6. 小型单刃石斧AⅥ式（T51②：28）

8. 石钺Ⅰ式（T51②：47）   9. 小型石锛BⅠ式（T52②：2）

7. 穿孔石斧（T52②H33：1）   10. 石凿Ⅵ式（T51②：310）   11. 石镞（T6②B：31）

彩版三一　屈家岭文化晚期陶纺轮、陶祖与石器

1. 屈家岭文化晚期墓葬M205朱砂珠子

2. 石家河文化墓葬M204朱砂珠子

彩版三二　屈家岭文化、石家河文化墓底土块粘附朱砂珠子

1. 关庙山遗址外貌·远处Ⅲ区发掘堆土（东—西）

2. Ⅴ区工地探方全景（南—北）

图版一　枝江关庙山

1. Ⅴ区工地发掘全景（北—南）

2. 近景

图版二　发掘工地架梯居高照相

图版三　Ⅴ区工地发掘全景（南—北）

图版四　Ⅴ区探方打隔梁后发掘全景（东—西）

后排：徐少华、李羽林、郭凡、崔永红、邵小萌、魏航空、陈伟、王占奎、王宏、张小郢、徐高潮、任万明

中排：王吉怀、沈强华、陈超、任式楠、方酉生、夏霜、石兴邦、何介钧、李文杰、黄传懿

前排：田富强、向绪成、叶植、李克能、唐长寿、李龙章、段振美、郭胜斌、宋会群、张咏午

图版五　1980年11月24日夏鼐所长等与本所湖北考古队、武汉大学考古专业师生在关庙山合影

夏鼐、石兴邦在关庙山（1980年11月24日）

图版六　夏鼐所长视察发掘工地

1. 夏鼐所长观察小件

2. 石兴邦观察小件

图版七　夏鼐所长、石兴邦观察小件

1. 房址F34南部及三联灶
   （南—北）

2. 房址F33南部（西—东）

图版八　大溪文化房址F34、F33

1. F33：9墙壁红烧土块·茅草痕

2. F33：10东墙北段南端墙壁红烧土块·外表

3. F33：10东墙北段南端墙壁红烧土块·背面

4. F33四联灶中之21、22、23号三座（南—北）

5. F33东南角垫层中的奠基石斧（北—南）

图版九　大溪文化房址F33四联灶、奠基石斧和红烧土块

1. F9全景（西—东）

2. F9：3墙壁红烧土块·朝屋外抹面

4. F9：4墙壁红烧土块·竹筐底部印痕

3. F9：5墙壁红烧土块·朝屋外抹面

图版一〇　大溪文化房址F9全景和红烧土块

图版一一 大溪文化房址F30全景（西—东）

1. F30全景（南—北）

2. F30红烧土块露出（西—东）

3. F30南部倒塌堆积（西—东）

图版一二　大溪文化房址F30全景和倒塌堆积

1. F30全景（北—南）

2. F30北部居住面
（东南—西北）

图版一三　大溪文化房址F30全景和局部

1. 中火塘北侧（北—南）

2. 中火塘北侧（东北—西南）

3. 中火塘东北（东—西）

4. 中、北火塘间（东—西）

图版一四　大溪文化房址F30居住面上竹笆印痕（之一）

1. 中火塘东侧（北—南）

2. 中火塘东侧（东—西）

3. 中火塘东侧（东北—西南）

4. 居住面块竹笆印痕细部

图版一五　大溪文化房址F30居住面上竹笆印痕（之二）

1. 北火塘（西南—东北）

2. 南火塘内26号器盖（西—东）

3. 中火塘及其西邻储藏所（东南—西北）

4. 中火塘东侧27号器盖（东—西）

5. 储藏所内石斧、陶器盖（西—东）

6. 储藏所北侧陶器（东北—西南）

图版一六　大溪文化房址F30火塘和储藏所

1. F30：89墙壁一半·枋木痕

2. F30：94墙壁一半

3. F30：78墙壁一半·半圆木痕

4. F30：78墙壁一半·外面

5. F30：93墙壁一半

6. F30：123墙壁一半·圆木痕

图版一七　大溪文化房址F30红烧土块（之一）

1. F30：108墙壁朝屋外一半・正面

2. F30：108墙壁朝屋外一半・背面

3. F30：96墙壁一半・正面

4. F30：96墙壁一半・背面

5. F30：101墙壁朝屋外一半

6. F30：91墙壁朝屋外一半・半圆木痕

图版一八　大溪文化房址F30红烧土块（之二）

1. F30：82墙壁朝屋外一半

2. F30：112墙壁朝屋外一半

3. F30：109墙壁朝屋内一半

4. F30：105墙壁朝屋外一半

5. F30：95墙角朝屋外一半·外表指抹痕

6. F30：95墙角朝屋外一半·内部绳木痕

图版一九　大溪文化房址F30红烧土块（之三）

1. F30：31正脊端（俯视）

2. F30：31正脊端背面（仰视）

3. F30：36正脊端·顶部

4. F30：36正脊端·后面

5. F30：41垂脊（正视）

6. F30：41垂脊（侧视）

图版二二　大溪文化房址F30红烧土块（之六）

1. F30：37正脊·侧面

4. F30：38正脊·侧面

2. F30：37正脊·下面

5. F30：38正脊·下面

3. F30：37正脊·有方洞

6. F30：38正脊·有方洞

图版二三　大溪文化房址F30红烧土块（之七）

1. F30：55垂脊

2. F30：39垂脊端上层

3. F30：34垂脊端下层

4. F30：46屋面（俯视）

5. F30：45屋面·手指抹痕

6. F30：45屋面·木橼痕

图版二四　大溪文化房址F30红烧土块（之八）

1. F30：64屋檐

2. F30：69屋檐

3. F30：61屋檐·手指抹痕

4. F30：61屋檐·竹木印痕

5. F30：58屋檐

6. F30：62屋檐

图版二五　大溪文化房址F30红烧土块（之九）

1. F30：67屋檐·手指抹痕

2. F30：67屋檐·树皮木痕

3. F30：71屋檐·手指抹痕

4. F30：71屋檐·竹片痕

5. F30：63屋檐·手指抹痕

6. F30：63屋檐·半圆木痕

图版二六　大溪文化房址F30红烧土块（之一〇）

1. F30：57屋檐·工具抹平痕

2. F30：57屋檐·半圆木痕

3. F30：68屋檐·手指抹痕

4. F30：68屋檐·竹木印痕

图版二七　大溪文化房址F30红烧土块（之一一）

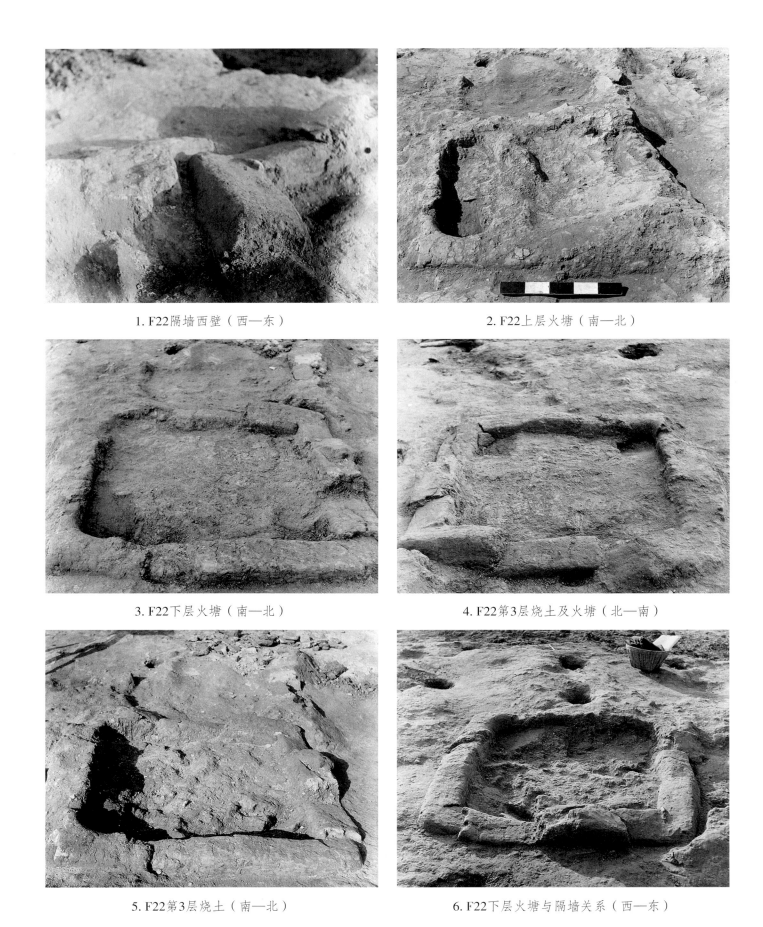

1. F22隔墙西壁（西—东）

2. F22上层火塘（南—北）

3. F22下层火塘（南—北）

4. F22第3层烧土及火塘（北—南）

5. F22第3层烧土（南—北）

6. F22下层火塘与隔墙关系（西—东）

图版三〇　大溪文化房址F22局部遗迹

1. ［附］T53④：222墙壁一半·外表竹柱痕

2. ［附］T53④：222墙壁一半·背面

3. F22：131北墙西部朝屋外一半

4. F22：130北墙西部朝屋内一半

图版三一　大溪文化房址F22红烧土块（之一）

1. F22：136北墙朝屋外一半·枋木痕

2. F22：138北墙朝屋内一半·粉刷黄泥浆

3. F22：138北墙朝屋内一半·背面

4. F22：128北墙西部墙头朝屋内一半·正面

5. F22：128北墙西部墙头朝屋内一半·背面

图版三二　大溪文化房址F22红烧土块（之二）

1. F22：141北墙西部墙头·半圆木痕

2. F22：141北墙西部墙头·树皮圆竹痕

3. F22：129墙头·正面

4. F22：129墙头·背面

5. F22：129墙头·刷黄泥浆

图版三三　大溪文化房址F22红烧土块（之三）

1. F22：139西墙壁北段南端一半·正面　　　　　2. F22：139西墙壁北段南端一半·背面

3. F22：140西墙壁南段北端一半·正面　　　　　4. F22：140西墙壁南段北端一半·背面

5. F22：65南墙壁朝屋内一半·正面　　　　　6. F22：65南墙壁朝屋内一半·背面

图版三四　大溪文化房址F22红烧土块（之四）

1. F22∶67隔墙朝西一半·正面

2. F22∶67隔墙朝西一半·半圆木痕

3. F22∶123正脊·正面

4. F22∶123正脊·背面

5. F22∶72隔墙墙头

图版三五　大溪文化房址F22红烧土块（之五）

1. F22：92屋面·正面

2. F22：92屋面·背面

3. F22：91屋面·茅草痕

4. F22：161屋面·茅草痕

5. F22：99屋面·茅草痕

图版三六　大溪文化房址F22红烧土块（之六）

1. F22：103屋面·正面

2. F22：103屋面·背面

3. F22：105屋面·茅草痕

4. F22：84屋面·茅草痕

5. F22：114屋面下层·茅草痕

图版三七　大溪文化房址F22红烧土块（之七）

1. F26墙壁倒塌堆积

3. 17号柱坑剖视

4. 18号柱坑俯视

2. 东北角柱洞1~4、16号（东—西）

5. 北隔墙内奠基筒形瓶（西南—东北）

图版三八　大溪文化房址F26

1. F26：24正脊·正面

2. F26：24正脊·右侧面圆竹痕

3. F26：25正脊上层侧面·竹竿痕

4. F26：25正脊上层·有凸起一面

5. F26：22墙壁一半

6. F29中部（东—西）

图版三九　大溪文化房址F26红烧土块和F29中部

1. S46：1墙头朝屋内一半·二层台

4. S46：3墙头朝屋内一半

2. S46：1墙头朝屋内一半·侧面半圆木痕

3. S46：1墙头朝屋内一半·背面半圆木痕

图版四〇　大溪文化疑残房址S46红烧土块

1. S47：2墙壁一半·竹柱痕

2. S47：2墙壁一半·外面

3. S47：1墙头朝屋内一半·半圆木痕

图版四一　大溪文化疑残房址S47红烧土块

1. F27屋内部分地面（北—南）

2. 柱坑24号剖面（北—南）

3. F27：2外墙与隔墙相接处·枋木痕

4. F27：2外墙与隔墙相接处·绳索痕

5. F27：6外墙与隔墙相接处

图版四二　大溪文化疑残房址F27和红烧土块

1. F31（东—西）

2. F31长方形火塘（西—东）

3. 残居住面S7柱坑1号（俯视）

4. 残居住面S7柱坑1号（侧视）

图版四三　大溪文化疑残房址F31和残居住面S7

1. 红烧土场地S22（西—东）

2. 红烧土场地S28东部（南—北）

3. 红烧土场地S51第1组多联灶（北—南）

4. 红烧土场地S51第2组多联灶（北—南）

5. 红烧土场地S51第3组多联灶（北—南）

6. 红烧土场地S51第3组多联灶（南—北）

图版四六　大溪文化红烧土场地S22、S28、S51

1. S4：54墙壁一半·枋木痕

2. S4：55屋面·半圆木痕

3. S4：57屋檐·手指抹痕

4. S4：57屋檐·枋木橼痕

5. S4：60屋脊·手指抹痕（纵）　　6. S4：60屋脊·泥片痕　　7. S4：60屋脊·手指抹痕（横）

图版四七　大溪文化红烧土场地S4红烧土块

1. T59⑤A簸箕形灶·灶门向西（东—西）

2. T77③B簸箕形灶（北—南）

3. T68⑤瓢形灶（北—南）

4. T77③B半圆形灶（西南—东北）

图版四八　大溪文化零散灶址

1. T55⑤H148（南—北）

2. T56⑤H100（南—北）

3. T63⑤BH165及其内W145（南—北）

4. T66④DH105及其内牛骨盆

图版四九　大溪文化长方形灰坑

1. 长方形灰坑T60⑤AH158（北—南）

2. 圆形灰坑T60④BH104及陶簋出土情况

3. 圆形灰坑T74⑤AH113（南—北）

4. 椭圆形灰坑T64④BH188（东—西）

图版五○　大溪文化长方形、圆形、椭圆形灰坑

1. T62⑤AH141内陶器（东—西）

2. T62⑤AH141内陶器（片）出土情况（东—西）

3. T56④BH94内陶盆及器盖出土情况（西—东）

4. T41④H187（东—西）

图版五一　大溪文化椭圆形灰坑

1. T55⑤H112内陶器（片）出土情况
（西—东）

2. H112：12墙头红烧土块

3. T59④BH98内陶器（片）出土情况（南—北）

4. T75③BH70内陶器（片）出土情况
（北—南）

图版五二　大溪文化不规则形灰坑

1. 整猪骨架分布（西—东）

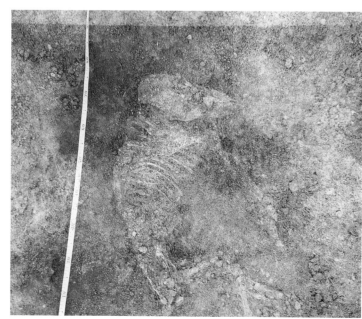

2. 猪骨架6号（北—南）

图版五三　大溪文化墓地整猪骨架

1. 成年人墓M201（西—东）

2. 瓮棺葬W44（西—东）

3. 瓮棺葬W7（西南—东北）

图版五四　大溪文化成年人墓葬和婴幼儿瓮棺葬

1. W34、W35（北—南）

2. W16（北—南）

3. W15（南—北）

图版五五　大溪文化婴幼儿瓮棺葬

1. 夹炭红陶釜（T1④H2：89）

2. 密实夹蚌红陶罐（T51⑤A：479）

3. 泡状夹蚌红陶鼎足（T62⑤：63）

4. 半泡状夹蚌红陶罐（T74④C：164）

图版五六　大溪文化陶器羼和料标本

1. 圈足碗底部圆形泥饼痕迹
（T64⑦：169）

2. 圈足碗底部圆形泥饼痕迹
（T64④A：168）

3. 豆底部脱落圆泥饼痕迹
（T51④A：480）

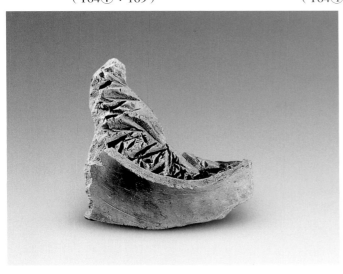

4. 豆盘外底刻划沟槽（T74⑤AH113：165）

5. 豆盘外底刻划沟槽（T10④：16）

6. 细颈壶内底快轮拉坯指痕
（T68③：137）

7. 细颈壶内底快轮拉坯指痕
（T69③B：188）

8. 小口广肩罐细密磨光横纹理
（T61⑦H144：10）

图版五七　大溪文化陶器制法标本

1. 1型Ⅰ式（T1④H2：73）

2. 1型Ⅰ式（T22④H22：3）

3. 1型Ⅱ式（T11④G1：57）

4. 2型Ⅰ式（T71⑦G9：4）

5. 2型Ⅱ式（T36⑥B：40）

6. 3型Ⅰ式（T65⑥：76）

图版五八　大溪文化陶圈足碗（之一）

1. 3型Ⅱ式（T64⑤AH102：58）

2. 3型Ⅳ式（T8②CW79：3）

3. 4型Ⅰ式（T64⑦：68）

4. 4型Ⅱ式（T38⑥H30：2）

5. 4型Ⅲ式（T52④AH41：10）

6. 5型Ⅰ式（T65⑤AS35：50）

图版五九　大溪文化陶圈足碗（之二）

1. 8型Ⅱ式（T11④G1：74）

2. 8型Ⅱ式（T11④：62）

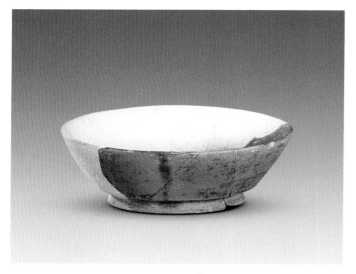

3. 8型Ⅳ式（T69⑦：164）

4. 9型Ⅱ式（T5④B：53）

5. 9型Ⅲ式（T55⑥：29）

6. 10型Ⅰ式（T22④：42）

图版六二　大溪文化陶圈足碗（之五）

1. 11型Ⅰ式（T67⑥：90）

2. 11型Ⅱ式（T69⑦H170：1）

3. 11型Ⅱ式（T59⑤AG6：7）

4. 11型Ⅱ式（T64⑤A：50）

5. 11型Ⅱ式（T64⑤AH102：59）

6. 12型Ⅱ式（T51扩④AF9：26）

图版六三　大溪文化陶圈足碗（之六）

1. 12型Ⅲ式（T64④A：83）

2. 13型Ⅰ式（T70⑤G5：21）

3. 13型Ⅰ式（T72⑤AH153：1）

4. 13型Ⅰ式（T34④A：42）

5. 13型Ⅱ式（T67⑤AG5：14）

6. 13型Ⅱ式（T75③BH70：10）

图版六四　大溪文化陶圈足碗（之七）

1. 13型Ⅲ式（T69④C：94）

2. 13型Ⅲ式（T9③：42）

3. 13型Ⅴ式（T3③H1：5）

4. 13型Ⅴ式（T75③BH70：9）

5. 13型Ⅵ式（T57③B：16）

6. 13型Ⅵ式（T76③H180：1）

图版六五　大溪文化陶圈足碗（之八）

1. 13型Ⅶ式（T66④B：46）

2. 13型Ⅷ式（T8②CW79：2）

3. 14型Ⅱ式（T69⑥：158）

4. 15型Ⅰ式（T55⑤：24）

5. 15型Ⅲ式（T71③BH147：1）

6. 15型Ⅳ式（T1④H2：59）

图版六六　大溪文化陶圈足碗（之九）

1. 15型Ⅳ式（T4④：36）

2. 15型Ⅳ式（T54④：41）

3. 15型Ⅳ式（T8②CW83：2）

4. 15型Ⅴ式（T69⑤B：101）

5. 16型（T55⑤H112：4）

6. 16型（T55⑤H112：5）

图版六七　大溪文化陶圈足碗（之一〇）

1. 17型Ⅰ式（T72③B：15）

2. 17型Ⅱ式（T74③：20）

3. 17型Ⅱ式（T71③A：2侧视）

4. 17型Ⅱ式（T71③A：2底视）

5. 17型Ⅲ式（T63③B：33）

6. 17型Ⅳ式（T71③AF24：23）

图版六八　大溪文化陶圈足碗（之一一）

1. 18型Ⅰ式（T64④C：49）

2. 19型Ⅰ式（T64④C：125）

3. 19型Ⅰ式（T41④H55：22）

4. 19型Ⅱ式（T52③：222）

图版六九　大溪文化陶圈足碗（之一二）

1. 平底碗1型 I 式（T51⑤B：327）

2. 平底碗2型 I 式（T51④A：143）

3. 平底碗2型 I 式（T73④C：62）

4. 平底碗2型 II 式（T73④C：55）

5. 三足碗（T59④AH91：2）

图版七〇　大溪文化陶平底碗、三足碗

1. 碟1型Ⅳ式（T11④G1：75）

2. 碟1型Ⅳ式（T72⑤B：61）

3. 碟2型Ⅳ式（T69⑦：125）

4. 圜底盘（T5④B：41）

5. 白陶圈足盘（T68⑤：93）

图版七一　大溪文化陶碟、圜底盘、白陶圈足盘

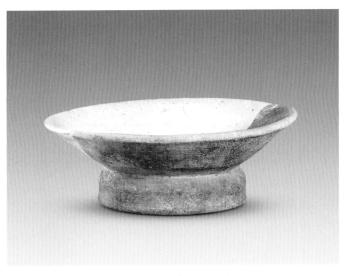

1. 1型（T64④B：87）

2. 2型Ⅱ式（T1④H2：62）

3. 3型Ⅰ式（T58⑥：44）

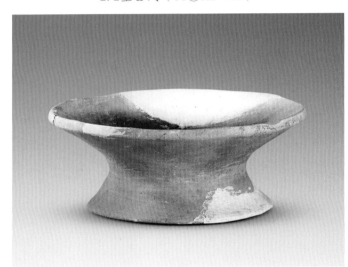

4. 3型Ⅲ式（T77⑤B：43）

5. 3型Ⅳ式（T58④A：65）

6. 4型Ⅰ式（T62⑤AH141：5）

图版七二　大溪文化陶圈足盘（之一）

1. 4型Ⅱ式（T211附近采：026）

2. 4型Ⅲ式（T68⑤H117：2）

3. 4型Ⅲ式（T72⑤AH153：5）

4. 4型Ⅲ式（T40④BF1：17）

5. 5型Ⅰ式（T211附近采：018）

6. 5型Ⅰ式（T211以北W127：2）

图版七三　大溪文化陶圈足盘（之二）

1. 5型 I 式（T69④CH133：2）

2. 5型 II 式（T211附近采：030）

3. 5型 V 式（T11④：45）

4. 6型 I 式（T70⑤：49）

5. 6型 I 式（T70④AM202：4）

6. 6型 II 式（T62⑤AH141：6）

图版七四　大溪文化陶圈足盘（之三）

1. 6型Ⅲ式（T51⑤A：232）

2. 6型Ⅳ式（T53⑤A：140）

3. 6型Ⅴ式（T211以北W127：3）

4. 7型Ⅱ式（T54⑤H56：1）

5. 7型Ⅳ式（T69④C：95）

6. 7型Ⅵ式（T211附近采：033）

图版七五　大溪文化陶圈足盘（之四）

1. 圈足盘8型Ⅰ式（T75⑥：150）

2. 圈足盘9型Ⅲ式（T61④H95：1）

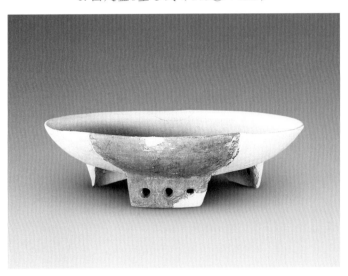

3. 三足盘1型（T53⑥：180）

4. 三足盘2型Ⅰ式（T77⑦：48）

5. 三足盘3型Ⅰ式（T64⑤B：133）

6. 三足盘4型（T70⑤G5：19）

图版七六　大溪文化陶圈足盘、三足盘

1. 1型Ⅰ式（T72⑤AH153：2）

4. 1型Ⅲ式（T64⑤B：128）

2. 1型Ⅱ式（T55⑤H148：1）

5. 2型Ⅲ式（T65⑤B：55）

3. 1型Ⅱ式（T62⑤A：49）

图版七七　大溪文化陶豆（之一）

1. 2型Ⅰ式（T65④C：51）

2. 3型Ⅰ式（T70④AM201：1）

3. 3型Ⅱ式（T73④C：46）

4. 3型Ⅲ式（T69④C：179）

5. 3型Ⅳ式（T56⑤：78）

6. 4型（T64⑥：129）

图版七八　大溪文化陶豆（之二）

1. 5型Ⅰ式（T65⑤AS35：58）

2. 5型Ⅱ式（T59⑤AG6：2）

3. 7型Ⅰ式（T52扩③G3：19）

4. 7型Ⅱ式（T75③B：76）

图版七九　大溪文化陶豆（之三）

1. 8型 II 式（T51③：76）

2. 8型 II 式（T52扩③G3：32）

3. 9型（T11④：48）

4. 10型（T52扩③G3：25）

图版八〇　大溪文化陶豆（之四）

1. 2型Ⅰ式（T62⑤AH141：1）

2. 2型Ⅱ式（T34④A：40）

3. 2型Ⅲ式（T51⑤B：351）

4. 2型Ⅳ式（T62⑤AH141：20）

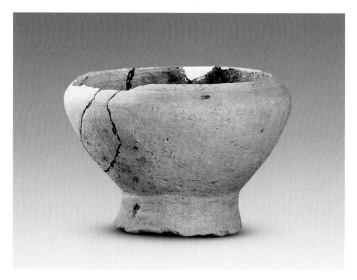

5. 2型Ⅳ式（T211西北W133：2）

6. 2型Ⅳ式（T65④C：67）

图版八一　大溪文化陶簋

1. 簋2型Ⅳ式（T4③：3）

2. 簋2型Ⅳ式（T211④：10）

3. 簋3型（T6④：34）

4. 簋3型（T51④A：386）

5. 平底盆1型Ⅰ式（T57③B：22）

6. 平底盆1型Ⅱ式（T53⑤A：156）

图版八二　大溪文化陶簋、平底盆

1. 1型Ⅱ式（T53⑥：220）

2. 1型Ⅱ式（T59④BH98：4）

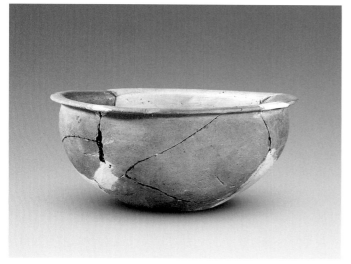

3. 1型Ⅱ式（T65④CH120：3）

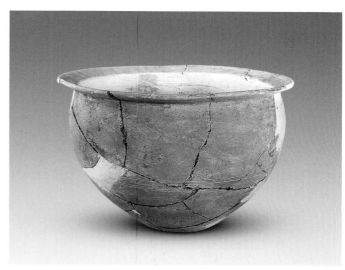

4. 2型Ⅱ式（T63③B：31）

5. 2型Ⅱ式（T74③：14）

6. 2型Ⅲ式（T60④A：33）

图版八三　大溪文化陶平底盆（之一）

1. 3型（T51③：156）

2. 4型（T75③BH70：12）

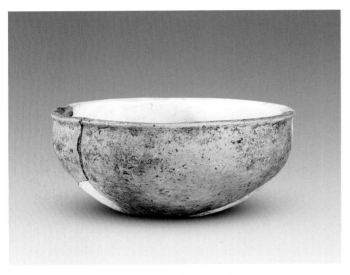

3. 5型（T52⑤A：78）

4. 5型（T57③A：14）

5. 5型（T8②CW73：2）

6. 6型（T9③：51）

图版八四　大溪文化陶平底盆（之二）

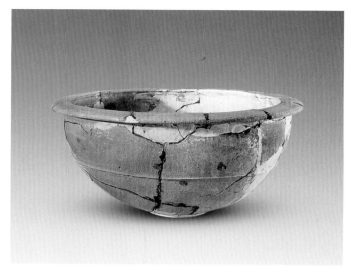

1. 圈足盆1型Ⅰ式（T53④：92）　　　　2. 圈足盆1型Ⅱ式（T201附近W124：2）

3. 圈足盆1型Ⅲ式（T11西断崖W24：2）　　4. 圈足盆2型Ⅰ式（T65⑤AS35：59）

5. 圈足盆2型Ⅲ式（T11③W37：2）　　　　6. 圜底大盆2型（T21④：18）

图版八五　大溪文化陶圈足盆、圜底大盆

1. 2型 I 式（T64④AH110：93）

2. 3型 I 式（T53⑤A：161）

3. 4型 I 式（T55⑤H112：1）

4. 4型 I 式（T32⑤：15）

5. 5型（T64④AH110：96）

6. 6型（T74⑤AH113：35）

图版八六　大溪文化陶平底钵（之一）

1.6型（T11③：6）

2.7型Ⅰ式（T69⑥：13）

3.9型Ⅰ式（T53⑤A：143）

4.9型Ⅱ式（T59⑥BH142：4）

5.10型（T52⑤A：84）

6.10型（T77⑤B：37）

图版八七　大溪文化陶平底钵（之二）

1. 平底钵10型（T211⑤：12）

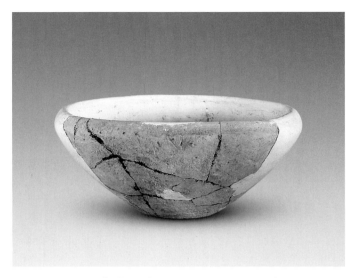

2. 平底钵10型（T211西北W131：2）

3. 平底钵10型（T3③H1：14）

4. 圈足钵1型（T71⑦G9：3）

5. 圈足钵1型（T72⑥BH163：1）

6. 圈足钵2型Ⅱ式（T61⑤AH108：2）

图版八八　大溪文化陶平底钵、圈足钵

1. 1型Ⅰ式（T52⑥：176）

2. 1型Ⅱ式（T63④AF36：25）

3. 1型Ⅲ式（T52⑤A：149）

4. 1型Ⅲ式（T64④AH110：97）

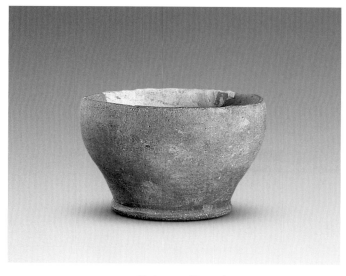

5. 2型（T211③：1）

6. 3型Ⅱ式（T74⑤AH113：24）

图版八九　大溪文化陶曲腹杯（之一）

1. 3型Ⅱ式（T75⑤：175）

2. 3型Ⅱ式（T52④BF22：37）

3. 3型Ⅱ式（T52扩③G3：10）

4. 3型Ⅲ式（T74③：1）

5. 3型Ⅲ式（T61③A：6）

6. 4型Ⅰ式（T61④H95：2）

图版九〇　大溪文化陶曲腹杯（之二）

1. 曲腹杯4型 I 式（T63④AF36：20）

2. 曲腹杯4型 II 式（T6④：32）

3. 杯3型（T59⑤AG6：4）

4. 杯3型（T211附近采：020）

5. 杯4型 III 式（T55④：25）

6. 杯5型 I 式（T77⑤A：35）

图版九一　大溪文化陶曲腹杯、杯

1. 2型Ⅳ式（T56④A：26）

2. 2型Ⅴ式（T53⑤A：160）

3. 2型Ⅵ式（T66④B：47）

4. 2型Ⅶ式（T75④CH119：18）

5. 4型Ⅱ式（T72③B：10）

6. 5型Ⅰ式（T38⑥H30：1）

图版九四　大溪文化陶圈足罐（之二）

1. 圈足罐5型Ⅲ式（T51⑤A：387）

2. 圈足罐5型Ⅳ式（T64④AF26：19）

3. 平底罐6型（T52④BF22：40）

4. 平底罐6型（T42④A：5）

5. 平底罐7型Ⅰ式（T51④A：122）

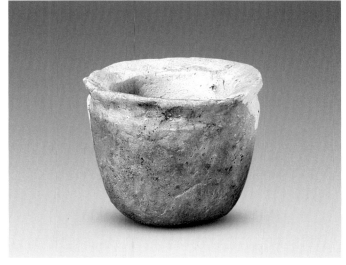

6. 平底罐7型Ⅱ式（T40④A：16）

图版九五　大溪文化陶圈足罐、平底罐

1. 1型Ⅰ式（T53③：210）

2. 1型Ⅱ式（T201附近采：02）

3. 1型Ⅳ式（T3③H1：10）

4. 1型Ⅳ式（T22③：20）

5. 1型Ⅳ式（T51③F8：211）

6. 1型Ⅳ式（T1②C：11）

图版九六　大溪文化陶平底罐（之一）

1. 1型Ⅴ式（T53③F10：5）

2. 2型Ⅰ式（T70④A：69）

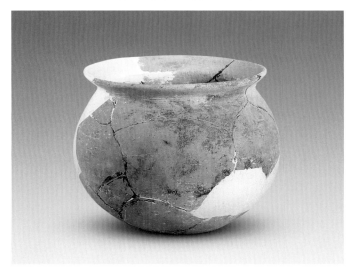

3. 2型Ⅱ式（T69③B：45）

4. 3型（T59③：8）

5. 4型（T76④BF30：22）

6. 5型（T57④BH96：13）

图版九七　大溪文化陶平底罐（之二）

1. 1型Ⅰ式（T6④W104：1）

2. 1型Ⅱ式（T63⑤BW145：1）

3. 1型Ⅲ式（T11西断崖W25：1）

4. 2型Ⅰ式（T6④G1：53）

5. 2型Ⅱ式（T10③W44：1）

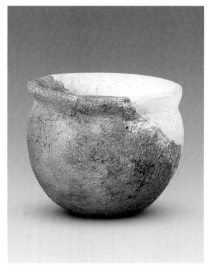

6. 3型Ⅱ式（T53⑤B：173）

7. 3型Ⅱ式（T74④A：26）

图版九八　大溪文化陶圜底罐

1. 1型（T65⑤AS35：60）

2. 2型 I 式（T7②CW29：1）

3. 2型 II 式（T8②CW81：1）

4. 2型 III 式（T68⑥H164：1）

5. 2型 IV 式（T11④G1：76）

6. 2型 IV 式（T55⑥H122：35）

图版九九　大溪文化陶釜（之一）

1. 2型Ⅳ式（T11④W50：1）

2. 2型Ⅳ式（T39⑥A：31）

3. 2型Ⅴ式（T8②CW82：1）

4. 4型Ⅰ式（T10④：45）

5. 4型Ⅰ式（T211西北W131：1）

6. 4型Ⅰ式（T211西北W133：1）

图版一〇〇　大溪文化陶釜（之二）

1. 2型Ⅰ式（T11④：82）

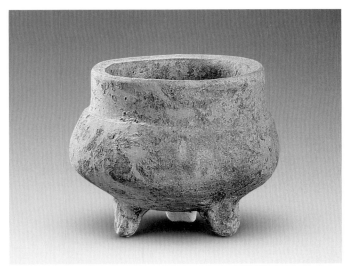

2. 2型Ⅱ式（T51⑤BH45：299）

3. 3型Ⅰ式（T67⑦：80）

4. 3型Ⅲ式（T4④：15）

5. 3型Ⅲ式（T51④A：177）

6. 4型（T9③：29）

图版一〇一　大溪文化陶鼎

1. 鼎5型（T76③：13）

2. 甑1型Ⅰ式（T72⑤AH118：2）

3. 甑3型Ⅰ式（T76④BF30：23）

4. 甑3型Ⅱ式（T55③：8）

图版一〇二　大溪文化陶鼎、甑

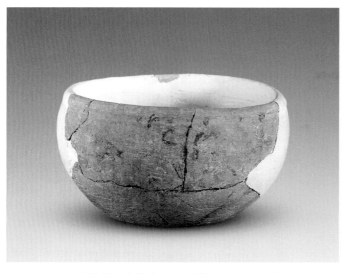

1. 研磨器1型Ⅰ式（T51④AH39：350）

2. 研磨器1型Ⅰ式（T9③：44）

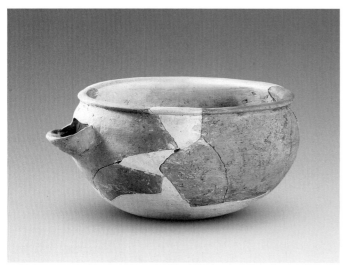

3. 研磨器2型Ⅰ式（T52扩③：18）

4. 研磨器2型Ⅱ式（T39④A：35）

5. 瓮1型Ⅱ式（T64⑤A：44）

6. 尊Ⅰ式（T64⑤AH102：151）

图版一〇三　大溪文化陶研磨器、瓮、尊

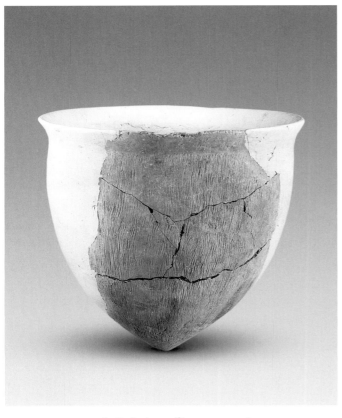

1. 尊 I 式（T61⑥CH136：1）

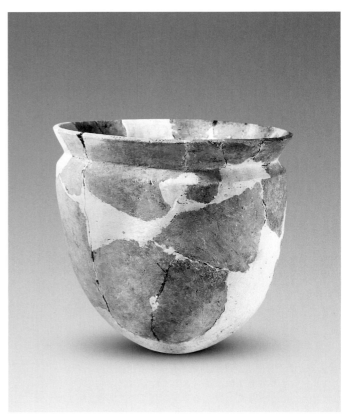

2. 尊 IV 式（T11④：79）

3. 臼（T51⑤B：283）

4. 臼（T211附近采：060）

图版一〇四　大溪文化陶尊、臼

1. 1型 I 式（T54⑦H57：2）

2. 1型 I 式（T54⑦H57：3）

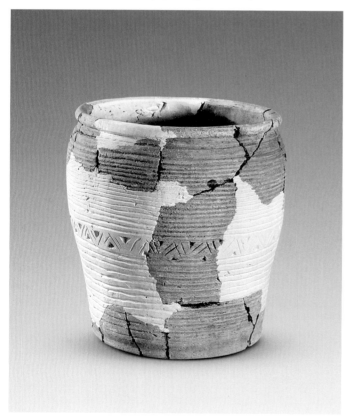

3. 1型 II 式（T68⑤：130）

4. 1型 II 式（T68⑤H117：6）

图版一〇五　大溪文化陶器座（之一）

1. 2型（T72④C：73）

2. 3型Ⅱ式（T11④：96）

3. 3型Ⅲ式（T11④G1：103）

4. 4型Ⅱ式（T73⑥：61）

5. 4型Ⅳ式（T36⑦BH13：8）

6. 4型Ⅳ式（T55⑤H112：7）

图版一〇六　大溪文化陶器座（之二）

1. 4 型 IV 式（T32⑤：18）

2. 4 型 V 式（T52⑥：175）

3. 6 型 I 式（T36⑥B：47）

4. 7 型 I 式（T53⑤A：144）

5. 7 型 II 式（T51⑤BH48：320）

6. 7 型 II 式（T55④：20）

图版一〇七　大溪文化陶器座（之三）

1. 1型 I 式（T73⑦：63）

2. 2型 I 式（T11④G1：69）

3. 2型 II 式（T11④G1：68）

4. 2型 III 式（T62⑦：34）

5. 4型（T64⑥：130）

6. 5型 I 式（T31④：30）

图版一一〇　大溪文化陶器盖（之一）

1. 5型Ⅲ式（T65③A：13）

2. 5型Ⅳ式（T64⑤A：100）

3. 5型Ⅳ式（T76③：12）

4. 5型Ⅵ式（T65③A：19）

5. 5型Ⅷ式（T64④B：39）

6. 5型Ⅷ式（T75④A：46）

图版一一一　大溪文化陶器盖（之二）

1. 5型Ⅷ式（T52扩③G3：20）

2. 5型Ⅷ式（T61③AH74：1）

3. 5型Ⅹ式（T62⑤AH141：4）

4. 6型Ⅰ式（T66④CH107：5）

5. 6型Ⅰ式（T70④AM203：2）

6. 6型Ⅲ式（T4④：42）

图版一一二　大溪文化陶器盖（之三）

1. 6型Ⅲ式（T5④B：28）

2. 6型Ⅳ式（T76④BF30：25）

3. 6型Ⅴ式（T69④A：58）

4. 7型Ⅰ式（T69⑤A：104）

5. 7型Ⅰ式（T2④A：58）

6. 7型Ⅱ式（T23③：39）

图版一一三　大溪文化陶器盖（之四）

1. 7型Ⅲ式（T1④：52）

2. 7型Ⅲ式（T5④B：33）

3. 7型Ⅲ式（T66④D：29）

4. 7型Ⅳ式（T69④B：90）

5. 8型Ⅰ式（T61④H95：3）

6. 8型Ⅰ式（T76④BF30：26）

图版一一四　大溪文化陶器盖（之五）

1. 9型Ⅰ式（T2④：48）

2. 9型Ⅲ式（T60⑤AH158：2）

3. 9型Ⅳ式（T55⑤H148：6）

4. 9型Ⅳ式（T62⑤A：17）

5. 9型Ⅴ式（T62⑤A：7）

6. 10型Ⅰ式（T62⑤AH141：2）

图版一一五　大溪文化陶器盖（之六）

1. 10型Ⅱ式（T61⑤AH108：3）

2. 10型Ⅱ式（T64④C：45）

3. 11型Ⅰ式（T74⑤AH113：13）

4. 11型Ⅱ式（T55⑤H148：5）

5. 12型Ⅰ式（T23④：26）

6. 12型Ⅰ式（T35⑤AG2：32）

图版——六　大溪文化陶器盖（之七）

1. 15型Ⅱ式（T64④AH110：94）

2. 15型Ⅲ式（T8③B：17）

3. 17型（T55⑤：32）

4. 18型Ⅱ式（T52④A：124）

5. 19型（T51③：94）

图版一一七　大溪文化陶器盖（之八）

1. 1型Ⅰ式（T51④A：185）

2. 1型Ⅳ式（T60④AH110：3）

3. 2型Ⅱ式（T59④B：44）

4. 3型Ⅰ式（T65④AH87：6）

5. 4型Ⅰ式（T59④B：113）

6. 4型Ⅲ式（T51③：87）

7. 5型Ⅱ式（T59④A：111）

8. 6型Ⅳ式（T51③：103）

9. 7型Ⅵ式（T67④DS36：85）

图版一一八　大溪文化陶纺轮

1. 线轴（T70⑤H111：6）　　　　　　　2. 转盘（T64④C：85）

3. 三齿器（T75④CH119：14）　　4. 实柄铃（T51⑤A：249）　　5. 双角铃（T69③A：17）

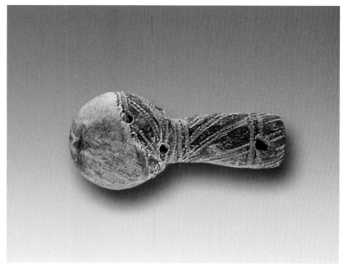

6. 带把双圆响球（T53④：108）　　　　7. 带把单圆响球（T51③F8：209）

图版——九　大溪文化陶质小件

1. 环 I 式（T77⑤B：12）

2. 环 I 式（T73③B：24）

3. 环 II 式（T51③：98）

4. 环 VIII 式（T56③：12）

5. 环 XI 式（T7②CW8：6）

6. 环 XI 式（T7②CW8：3）

7. 环 XI 式（T7②CW8：5）

图版一二〇　大溪文化陶环

1. 兽（T75③BH70：1）　　　　2. 猪（T70④A：135）　　　　3. 鹰面形器鼻（T66⑤G5：57）

4. 龟（T53③：65）

5. 龟（T73③B：23）　　　　　　　　　　6. 鳝（T52④B：232）

图版一二一　大溪文化陶塑动物

1. 陶陀螺（T67④C：23）

2. 陶陀螺（T76③：30）

3. 陶小舟形器（T69④A：61）

4. 人头形红烧土（T63④AF26：20）

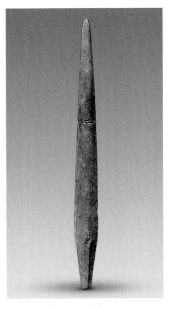

5. 骨镞（T70⑤G5：1）

6. 骨镞（T74⑥：102）

7. 骨镞（T74④B：64）

8. 骨镞（T74⑤AH113：6）

9. 角锥（T51⑥：252）

图版一二二　大溪文化陶质小件、人头形红烧土和骨角器

1. 石铲Ⅲ式（T74⑤B：94）

2. 石锄（T68④D：80）

3. 大型石斧BⅢ式（T60③A：23）

4. 大型石斧BⅣ式（T52⑤AH44：2）

图版一二三　大溪文化石铲、锄、大型石斧

1. BⅣ式（T51④A：210）

2. CⅠ式（T63⑥AF33：4）

3. CⅡ式（T53⑤B：166）

4. CⅢ式（T73⑥：70）

图版一二四　大溪文化大型石斧（之一）

1. CⅢ式（T5③B：12）

2. CⅤ式（T51⑤BH45：341）

3. CⅤ式（T74④B：75）

4. CⅤ式（T76④BF30：21）

图版一二五　大溪文化大型石斧（之二）

1. AⅡ式（T52⑥：150）

2. BⅡ式（T64④AH110：3）

3. BⅢ式（T51④A：225）

4. BⅣ式（T51⑤BH45：302）

5. BⅤ式（T73⑥：68）

6. BⅦ式（T74⑤B：92）

图版一二六　大溪文化中型双刃石斧（之一）

1. BⅦ式（T76④B：26）

2. BⅦ式（T52③：55）

3. BⅦ式（T65③B：36）

4. BⅦ式（T76③：9）

5. BⅧ式（T74④B：74）

6. BⅩ式（T53⑤A：133）

图版一二七　大溪文化中型双刃石斧（之二）

1. CⅠ式（T63⑥AF33：5）

2. CⅢ式（T51⑤A：231）

3. CⅢ式（T59⑤AG6：5）

4. CⅤ式（T51⑤A：251）

5. CⅤ式（T69③B：49）

6. CⅤ式（T75③B：41）

图版一二八　大溪文化中型双刃石斧（之三）

1. AⅢ式（T53④：102）

2. BⅡ式（T68⑤：99）

3. BⅡ式（T51④A：123）

4. BⅢ式（T58③AG7：57）

5. BⅣ式（T56⑤：54）

6. BⅥ式（T67④B：21）

图版一二九　大溪文化中型单刃石斧

1. AⅡ式（T71④D：40）　　2. AⅡ式（T58③AG7：61）　　3. AⅢ式（T55⑤：26）

4. AⅢ式（T72④D：51）　　5. AⅣ式（T51⑤B：273）　　6. AⅣ式（T69④A：56）

7. AⅣ式（T58③B：11）　　8. AⅣ式（T59③：118）　　9. AⅣ式（T75③A：42）

图版一三二　大溪文化小型单刃石斧（之一）

1. BⅡ式（T41⑥：21）

2. BⅢ式（T74⑤AH113：21）

3. BⅢ式（T42④A：10）

4. BⅣ式（T75④B：145）

5. BⅤ式（T64④AH110：1）

6. BⅥ式（T72③B：75）

7. BⅥ式（T72③B：75）背面

8. BⅧ式（T71⑤：62）

图版一三三　大溪文化小型单刃石斧（之二）

1. 穿孔石斧（T52④AF9：178）

3. Ⅰ式石钺（T36④C：24）

2. 穿孔石斧（EZG采：05）

4. Ⅱ式石钺（T53⑥：179）

5. Ⅱ式石钺（T53⑤B：169）

图版一三四　大溪文化穿孔石斧、石钺

1. A I 式（T63③B：11）　　　2. A I 式（T70③：82）　　　3. A II 式（T71④E：34）

4. A II 式（T22③：36）　　　5. B I 式（T53⑥：189）　　　6. B I 式（T80③：15）

7. B II 式（T65④B：48）　　　8. B II 式（T71③B：24）　　　9. B III 式（T51④A：229）

10. B IV 式（T53⑤A：131）　　　11. B V 式（T32⑤F2：13）

图版一三五　大溪文化小型石锛

1. 大、中型石凿Ⅲ式（T211北采：03）

2. 大、中型石凿Ⅳ式（T74③：110）

3. 大、中型石凿Ⅴ式（T71④C：36）

4. 小型石凿Ⅲ式（T51④A：164）

5. 小型石凿Ⅳ式（EZG采：02）

6. 钻头形石器（T58⑤：84）

7. 石刀（T55③：16）

8. 石璜（T39⑥A：28）

图版一三六　大溪文化石凿、刀、璜等

1. Ⅰ式（T51⑥：417）

2. Ⅰ式（T53⑤A：232）

3. Ⅰ式（T53⑤B：235）

4. Ⅰ式（T68⑤H117：5）

5. Ⅰ式（T61④H95：9）

6. Ⅰ式（T70④B：92）

图版一三七　大溪文化打制蚌形石器（之一）

1. Ⅰ式（T74④A：142）

2. Ⅱ式（T52⑥：198）

3. Ⅱ式（T70⑤：98）

4. Ⅱ式（T53③：225）

5. Ⅲ式（T59⑤AG6：14）

6. Ⅲ式（T71⑤：105）

图版一三八　大溪文化打制蚌形石器（之二）

1. Ⅲ式（T75④C：203）

2. Ⅲ式（T53③：226）

3. Ⅳ式（T74⑤AH113：34）

4. Ⅴ式（T75④C：201）

5. Ⅴ式（T1④H2：88）背面

6. Ⅴ式（T1④H2：88）劈裂面

图版一三九　大溪文化打制蚌形石器（之三）

1. I 式（T57⑦：143）

2. I 式（T72④C：25）

3. I 式（T52扩③：12）

4. II 式（T57④A：129）

5. III 式（T52④A：189）

6. IV 式（T75③A：189）

图版一四二　大溪文化石锤

1. V式（T51④A：115）

2. V式（T74④A：144）

3. V式（T75④C：199）

4. V式（T56③：18）

5. Ⅵ式（T51扩④A：23）

图版一四三　大溪文化石锤

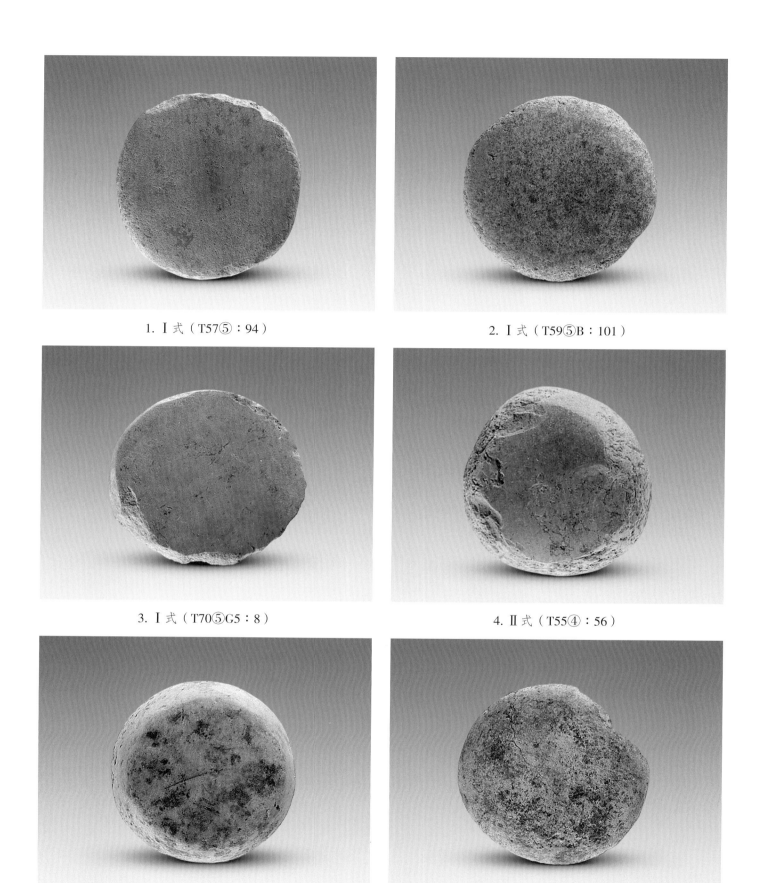

1. Ⅰ式（T57⑤：94）

2. Ⅰ式（T59⑤B：101）

3. Ⅰ式（T70⑤G5：8）

4. Ⅱ式（T55④：56）

5. Ⅱ式（T3③：24）

6. Ⅱ式（T41④：35）

图版一四四　　大溪文化石饼

1. 尖锥状石器（T66⑥H123：1）

2. 尖锥状石器（T70⑤G5：24）

3. 磨石（T5③B：64）

4. 磨石（T75③AF24：51）

5. 石锉（T73⑥：69）

6. 石锉（T23④：40）

图版一四五　大溪文化尖锥状石器、磨石、石锉

1. T67④BS24∶1

2. T51④BF22∶164

图版一四六 大溪文化夹稻谷壳红烧土块

1. 疑残房址F23（东南—西北）

2. T8②B瓮棺葬分布

3. 瓮棺葬W71

图版一四七　屈家岭文化晚期遗迹

1. 双腹圈足碗Ⅰ式（T53②：26）

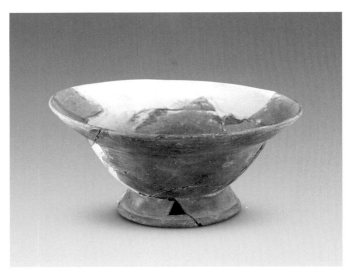

2. 双腹圈足碗Ⅱ式（T38③AH11：30）

3. 双腹圈足碗Ⅱ式（T201②BW113：2）

4. 内折沿圈足碗Ⅰ式（T39③AH9：2）

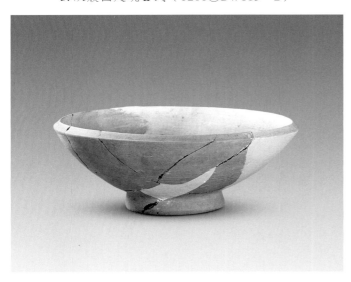

5. 内折沿圈足碗Ⅱ式（T69②：10）

6. 外折沿圈足碗（T69②H75：151）

图版一四八　屈家岭文化晚期陶碗

1. 外折沿圈足碗（T80②：18）

2. 双腹豆Ⅰ式（T53②：69）

3. 双腹豆Ⅱ式（T38③AH11：4）

4. 双腹豆Ⅲ式（T201②B：2）

5. 翻沿豆Ⅰ式（T64②：82）

6. 折沿深腹平底盆（T8②BW70：2）

图版一四九　屈家岭文化晚期陶碗、豆、盆

1. 折沿浅腹平底盆（T8②BW74：2）

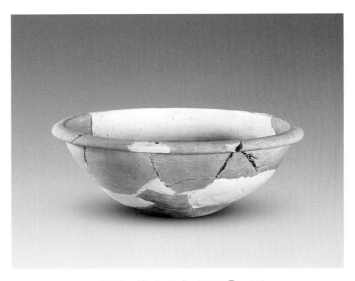

2. 翻沿凹底盆Ⅰ式（T64②：7）

3. 翻沿凹底盆Ⅰ式（T35③AH6：13）

4. 翻沿凹底盆Ⅱ式（T58②：6）

5. 翻沿平底盆（T66②：8）

6. 翻沿圈足盆（T35③AH6：12）

图版一五〇　屈家岭文化晚期陶盆

1. 高圈足杯 I 式（T39③A：13）

2. 高圈足杯 II 式（T80②：6）

3. 大口杯 I 式（T52②：166）

4. 大口杯 II 式（T31③：28）

图版一五一　屈家岭文化晚期陶杯

1. I 式（T51②：58）

2. Ⅲ式（T36③A：8）

3. Ⅳ式（T69②H75：152）

4. Ⅴ式（T38③A：40）

图版一五二　屈家岭文化晚期陶深腹圈足杯

1. 束颈平底瓶（T39③A：41）

2. 壶形器 I 式（T51②：59）

3. 盂形器（T23②B：1）

4. 小盂（T51②：24）

5. 折沿小口高领罐Ⅲ式（T201②BW119：2）

6. 小口直领罐（T64②：126）

图版一五三　屈家岭文化晚期陶瓶、壶形器、盂形器、盂、罐

1. 花边口沿罐（T69②H75：157）

2. 翻沿扁鼓腹罐（T35③AH6：2）

3. 深腹矮圈足小罐Ⅰ式（T35③AH6：8）

4. 深腹矮圈足小罐Ⅱ式（T38③AH11：8）

图版一五四　屈家岭文化晚期陶罐

1. 斜腹鼎（T73②H61：5）

2. 盆形鼎（T8②BW71：2）

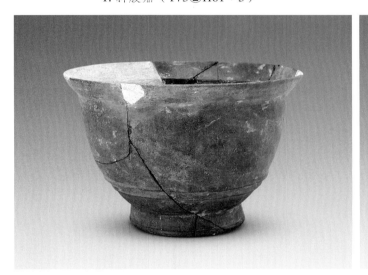

3. 小圆形算孔甑（T66②：4）

4. 柳叶形算孔甑Ⅰ式（T77②：7）

5. 柳叶形算孔甑Ⅱ式（T72②H66：14）

图版一五五　屈家岭文化晚期陶鼎、甑

1. 敛口平底碗（T80①C：6）

2. 敞口凹底碗（T53①：213）

3. 敞口假圈足碗（T68①C：9）

4. 翻沿圈足碗（T68①CH62：29）

5. 三角沿圈足碗（T68①CH62：31）

图版一五八　石家河文化陶碗

1. 外卷圆唇碗形豆（T68①C：133）

2. 外卷扁唇碗形豆（T31②：39）

3. 凹腰圈足钵形豆（T51扩①H51：8）

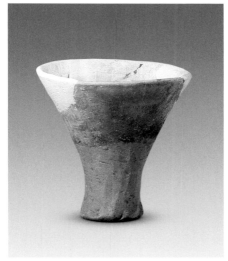

4. 大口杯Ⅰ式（T68①C：23）

5. 大口杯Ⅱ式（T67①C：32）

6. 大口杯Ⅲ式（T31②：25）

7. 高柄杯Ⅱ式（T53①：209）

8. 高圈足杯Ⅱ式（EZG关庙山采：054）

图版一五九　石家河文化陶豆、杯

1. 敞口圈足盆（T34②：2）

2. 三角沿圈足盆（T51扩①H51：33）

3. 宽沿圈足盆（T23②A：45）

4. 翻沿深腹盆（T51扩①H51：34）

5. 外卷圆唇深腹盆（T211附近W143：1）

6. 敞口深腹钵（T68①C：70）

图版一六〇　石家河文化陶盆、钵

1. 小口直领罐（T51扩①H51：32）

2. 垂腹圆底罐（T211附近M142：1）

3. 圆形菱形算孔甑（T80①C：16）

4. 平沿瓮（T72①C：1）

5. 斜沿尊Ⅱ式（T211东北采：049）

6. 直口圆底缸（T68①C：131）

图版一六一　石家河文化陶罐、甑、瓮、尊、缸

1. 钉帽形纽器盖Ⅲ式（T68①C：88）

2. 钉帽形纽器盖Ⅳ式（T211附近M142：3）

3. 筒形纽器盖（T68①CH62：4）

4. 双角形纽器盖（T80①C：4）

5. 小型石锛Ⅳ式（T33②：1）

6. 石镞（T51扩①：3）

7. 圆锥形石器（T39②：14）

图版一六二　石家河文化陶器盖、石器

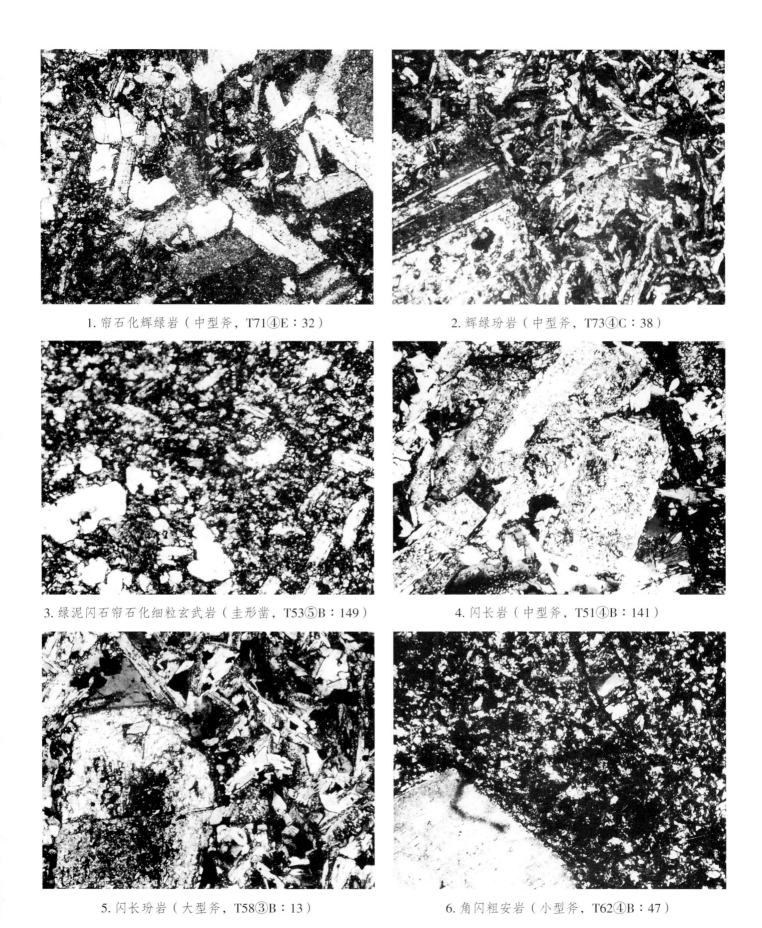

1. 帘石化辉绿岩（中型斧，T71④E：32）　　　2. 辉绿玢岩（中型斧，T73④C：38）

3. 绿泥闪石帘石化细粒玄武岩（圭形凿，T53⑤B：149）　　　4. 闪长岩（中型斧，T51④B：141）

5. 闪长玢岩（大型斧，T58③B：13）　　　6. 角闪粗安岩（小型斧，T62④B：47）

图版一六三　关庙山遗址石器切片样品显微照片（之一）

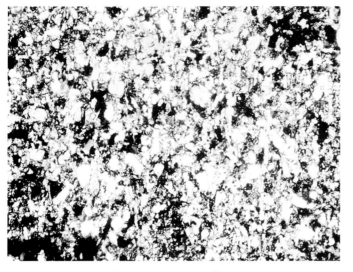

1. 霏细岩（小型斧，T51④A：106）

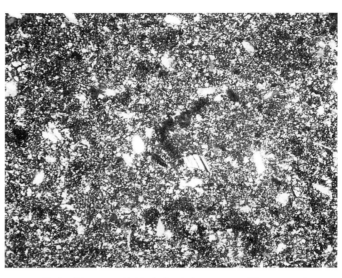

2. 黏土质长石石英粉砂岩（磨石，T74⑤A：106）

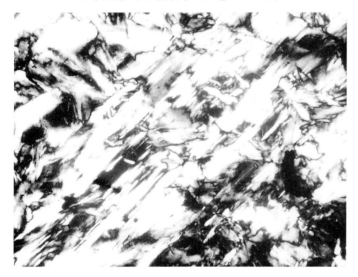

3. 黏土质硅岩（小型斧，T74④A：56）

4. 透闪—阳起绿泥片岩（石铲，T38④：23）

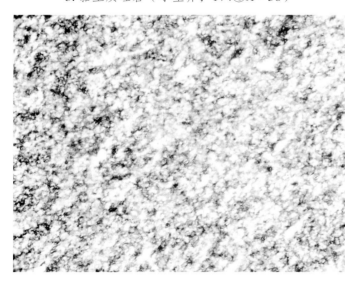

5. 二云石榴斜长片麻岩（石钺，T52③：43）

6. 叶蛇纹石岩（石钺，T66④DH106：1）

图版一六四　关庙山遗址石器切片样品显微照片（之二）